에픽테토스의
자유와 행복에 이르는
삶의 기술

에픽테토스의
자유와 행복에 이르는
삶의 기술

에픽테토스 지음 | 아리아노스 엮음
강분석 옮김

EPICTETUS

사람과책

노예였고, 가난했으며,
절름발이였던 나 에픽테토스는
신의 친구였다.

《안톨로기아 팔라티나Anthologia Palatina》

책머리에

에픽테토스Epictetus란 이름을 쉽게 떠올리는 분은 아마도 그리 많지 않을 것입니다. 《명상록》을 남긴 로마의 철인哲人황제 마르쿠스 아우렐리우스가 평생을 스승으로 흠모했던 철학자가 바로 에픽테토스입니다. 살아생전 한 번도 뵌 적 없는 스승이지만, 황제의 《명상록》 곳곳에는 에픽테토스의 가르침이 녹아 있습니다.

에픽테토스는 서기 50년경 로마 동쪽의 변경지방인 프리기아의 히에로폴리스에서 노예였던 어머니에게서 태어났습니다. 선천적으로 몸이 약한 데다 다리까지 절었던 그는 젊은 시절에 다행히 관대한 주인을 만났습니다. 해방노예로서 네로 황제의 행정 비서관까지 지낸 에파프로디토스는 에픽테토스의 탁월한 지적 능력을 아껴 그를 로마로 유학을 보냈지요. 로마에서 에픽테토스는 당시 저명한 스토아 철학자였던 무소니우스 루푸스의 제자가 되었습니다. 철저한 평등주의자이며 휴머니스트인 루푸스는 에픽테토스의 사상과 삶에 많은 영향을 끼쳤습니다.

에픽테토스는 후에 노예 신분에서 벗어나 자유민으로 로마에 남아 철학을 가르쳤습니다. 서기 90년경 지식인의 영향력을 우려한 도미티아누스 황제가 철학자들을 모두 로마에서 추방하자, 에픽테토스는 그리스 북서해안의 니코폴리스로 망명했습니다. 120년경 세상을 떠나기까지 그는 그곳에서 교육과 고아의 구호에 온 힘을 기울였습니다.

에픽테토스는 오래도록 독신으로 살았으나, 친구가 버린 아이를 키우고자 뒤늦게 아내를 맞은 것으로 알려졌습니다. 로마에 있는 그의 집은 언제나 문이 활짝 열려 있었으며, 가구라고는 낡은 침상 하나가 전부였다고 합니다. 강의를 할 때에도 그는 소박하고 단순한 말로 일상생활에서 평정을 유지하는 삶의 지혜를 제시했습니다.

에픽테토스가 직접 쓴 저서는 없으나 그의 제자이자 역사가인 아리아노스가 스승의 가르침과 말씀을 그대로 기록한 것이 남아 있습니다. 이것이 《어록Discourses》입니다. 《어록》

은 원래 여덟 권이었다고 하나, 현재는 네 권만이 전해지고 있습니다. 아리아노스의 또 다른 기록인 《편람Enchiridion》은 《어록》을 축약한 것으로 지혜롭게 살아가기 위한 구체적인 삶의 기술이 담겨 있는 것으로, 바로 이 책입니다.

에픽테토스는 네로 황제 때 재상을 지낸 세네카(BC4~AD65) 및 마르쿠스 아우렐리우스 황제(AD121~180)와 더불어 후기 스토아학파를 대표하는 철학자입니다.

기원전 300년경 제논(BC336~264)이 일으킨 스토아 철학은 5세기에 걸쳐 면면히 이어져 불변의 윤리적 규범을 형성했습니다. 창시자 제논이 아테네의 스토아 포이킬레(채색주랑 彩色 柱廊)에서 강의한 것에서 스토아학파라는 이름이 붙여졌지요.

제논은 크세노폰이 쓴 《소크라테스의 회상》을 읽고 깊은 감명을 받아 철학을 시작했다고 합니다. 소크라테스는 스토아 철학에 가장 많은 영향을 준 철학자이지요. 재판정에서의 당당한 태도, 죽음을 눈앞에 두고 보여 주었던 태연함과 침착성, 불의를 행한 자는 불의를 당하는 자보다 더 큰 피해를 스스로 입게 되어 있다는 믿음, 검소함, 외적인 것에 대한 무관심 등이 스토아 철학이 추구하는 것과 일치합니다.

제논에 의하면 인생의 목적은 행복에 있고 행복은 자연에 따라 생활하는 데서 비롯됩니다. 자연은 계획적으로 세계를 창조하는 로고스적 실재로서, 우주는 이것에 의해 가장 선하고 아름답게 형성되고 지배됩니다. 인간 또한 우주의 로고스를 분유分有하고 있으므로 그것에 따른다는 것은 자연의 본성에 따르는 것이 되며, 자기의 로고스에 따른다는 것은 도덕적인 삶을 사는 것입니다. 우주의 로고스를 분유한 이상, 모든 인간은 신의 자식으로서 동류라는 생각에서부터 스토아 철학의 세계시민주의 즉, 코스모폴리타니즘이 성립됩니다.

스토아 철학은 인간 최대의 과제인 행복을 지혜를 통해서

구합니다. 지혜는 '신과 인간의 일에 대한 지식'으로, 인간 생활에서의 모든 것을 올바르게 처리하기 위한 실천적 지식을 뜻합니다. 철학을 한다는 것은 이 같은 지혜를 습득하도록 삶의 기술을 연습하는 것이며, 이러한 기술을 갖춘 사람이 바로 현자賢者, 혹은 철인哲人입니다. 현자는 인간으로서의 유한한 운명을 직시하고, 그 운명대로 기꺼이 살아가는 지혜를 깨닫고, 그렇게 살아가는 사람 즉, 자연에 따라 사는 사람입니다.

에픽테토스는 "인간은 작가의 의도대로 연극 속에 등장하는 배우에 지나지 않는다"라고 했습니다. 작가가 단막극을 쓰면 짧은 생을 사는 것이고, 장막극을 쓰면 조금 오래 사는 것뿐이라는 것이지요. 자신의 의사와 관계없이 가난뱅이 역할을 맡을 수도 있습니다. 절름발이, 지도자, 혹은 평범한 시민의 역할을 줄 수도 있겠지요. 우리가 할 일은 주어진 배역을 온 힘을 다해 연기하는 것일 뿐, 배역을 선택하는 것은 우리가 할 수 있는 일이 아닙니다. 그러므로 현자는 자신의 역할이 무엇인지를 알고 올바르게 그 역할을 연기하는 사람입니다.

또한, 에픽테토스는 이 세상에는 인간의 뜻대로 할 수 있는 일이 있고, 인간의 뜻대로 할 수 없는 일이 있다고 말했습니다. 관념과 욕망 등은 자신의 자유의지대로 할 수 있으나, 육체, 재산, 권력 등은 인간의 의지로 어쩔 수 없는 외계의 것입니다. 죽음은 피할 수 없으나 죽음에 대한 두려움은 피할 수 있습니다. 죽음에 대한 우리의 관념은 바꿀 수 있기 때문입니다. 즉, 죽음을 두려워할 대상이 아니라 자연의 필연적 과정으로 기꺼이 받아들이면 됩니다. 우주의 질서에 따라 끊임없이 변화하는 외계의 것을 쫓아다니는 한, 거친 바다 위의 조각배처럼 인간은 동요할 수밖에 없습니다. 외계의 것에 대해 아무런 욕심도 내지 않고 그것이 주는 고통과 쾌락에서 초연할 수 있다면 평정에 들 수 있겠지요. 이것이 스토아 철학이 말하는, 인간이 도달할 수 있는 최고의 경지 즉, 부동심不動心, apatheia입니다.

에픽테토스가 평생 지닌 화두는 자유였습니다. 노예로서

당했을 고통과 속박에 대한 공포를 떠올려 보면 당연한 일일 것입니다. 그의 《어록》에는 자유라는 단어가 130번 나온다고 합니다. 이는 비슷한 시기에 쓰인 신약 성서보다 여섯 배나 많은 숫자입니다.

노예 어머니에, 선천적으로 병약했던 절름발이 청년. 절름발이가 된 것이 어렸을 때의 가혹한 주인 때문이었다는 이야기도 있으니, 젊은 시절 에픽테토스를 사로잡은 것은 틀림없이 자유와 독립에 대한 갈망이었을 것입니다. 이 자유를 향한 갈망이 그를 행동하는 철인으로 만들었습니다. 그리하여 그는 공허하고 현란한 말의 잔치를 거부하고 올바른 삶을 살아가는 데 도움이 되는 실질적인 방법을 소박하게 이야기하고 있습니다.

이 글을 옮기는 동안 저는 에픽테토스의 가르침이 불교의 그것과 닮은 것에 여러 번 놀랐습니다. 그러면서 사람이 사는 일 그리고 존재에 대해 깨달음을 얻은 여러 성인과 현자의 생각이 동서양이나 종교를 가리지 않고 한결같음에 다시 고개를 끄덕였습니다.

 눈이 오던 어느 날, 제 홈페이지(www.angsung.com)에서 만난 글로 이 글을 마칠까 합니다. 정신병원의 구급차를 운전한다는 분이 남긴 것으로, 그곳에 수용된 알코올중독환자들의 암송문이라고 합니다. 어디에 나오는 글귀인지는 찾지 못했습니다. 삶에 지친 사람들이 다시 삶을 찾으려고 외로운 병동에서 기도문처럼 외는 말이 2천 년 전 에픽테토스의 가르침과 똑 닮아 있었습니다.

 어찌할 수 없는 것을 받아들이는 겸허함을 주시고,
 어찌할 수 있는 것을 바꾸는 용기를 주시고,
 그리고 이를 구별하는 지혜를 주소서.

앙성 아랫밤골에서 **강분석**

자기 자신의 주인이
되지 못하는 사람은
진정으로 자유로울 수 없다.

에픽테토스

a · tinca · la ba · b · l agu(m) oghola lieua · c · lachiala · b · co · la lieua q p(er) nolo ellomo
guastaro · q(ue)sto strume(n)to tie(n) i suoi piedi in f · g · i piedi f · abassa la lie · e lip(i)e i
alza e llp(i)e i M buca p(er) r(e)no sou(er)e s(uo) app(re)senlare acqu eglla b egu ala doglal(o)
a nogore oba i(n) o tre u(n) denso e p(er) de tomo e q(ue)lla cosa e p(er)ò fatta a tan t u(er)ola i(n) acq

Q(ue)sto strume(n)to sp(er)ime(n)tay sop(r)a uno lago · e p(or)teray cu(n) uno uetro lungo
acio che nolo lede(re) tui no n arie ssi ·

A nosu(r)a s i uole · di togla(re) de la h su(n) noto p fora(r) dy 2 pie di · s(u)la
tempo · acui cos · tu possi s te(m)pone giuare · e bisognera s dolce fare p(oi) p(er) sto
lu(n)a · de la tu(r) b(r)o p(or)le(n) do · i bisogn eh(om)o de fare e l mgio e ll a tu(r)a u(er) i
e a no gloza to galare de · 2 pie di e piu e p(er) no(n) ni m giu(n)to de de ni uo
uero e del moto · p(er) ta(n)to al ni ui niu · Tal sorte fia p forza du(r)a
rota · o b(e) c(hom)o · O v(er) so nostramo atu e rp(er)ò de m eglo c(on)
bp(er) le mani

1

자신의 뜻대로 할 수 있는 일과 없는 일을 구별하십시오

세상에는 우리 의지대로 할 수 있는 일이 있고, 우리 의지대로 할 수 없는 일이 있습니다.

사물에 대해 의견을 내고, 의욕을 느끼고, 그것을 갈망하거나 꺼리는 것과 같이 스스로 하는 의지적 활동은 우리 뜻대로 할 수 있는 것입니다. 이같이 우리 마음대로 할 수 있는 것은 본디 자유로운 것이어서 아무런 제약도, 방해도 받지 않습니다.

그러나 육체, 재산, 평판, 권력 등 우리 자신의 행위가 아닌 것은 우리 뜻대로 할 수 없습니다. 이것들은 다른 것에 예속된 부자유한 것으로, 남에 의해 좌우됩니다. 그러므로 본래 다른 것에 예속된 것을 자유로운 것으로 생각하거나, 다른 사람들의 뜻에 따라 좌우되는 것을 자기 것으로 생각한다면 장애에 부딪히고 좌절하게 되어 자연히 신과 다른 사람들을 원망하게 됩니다.

 오로지 그대의 힘으로 할 수 있는 것만을 자기 것으로 생각하고 다른 사람들에 의해 좌우되는 것은 남의 것으로 돌리십시오. 그러면 그대에게 강요하는 사람도, 그대를 제지하는 것도 없을 것입니다. 그대 또한 누구도 원망하지 않고 비난하지 않게 됩니다. 그대의 의지에 거슬러서 무엇인가를 억지로 해야 하는 일도 생겨나지 않겠지요. 누구도 그대에게 해를 입힐 수 없으므로 아무런 고통도 없을 것이고, 그러므로 적도 생기지 않을 것입니다.

 이 길이야말로 행복과 자유를 얻을 수 있는 유일한 방법입니다. 그러나 작은 노력만으로는 이 같은 삶을 얻을 수 없습니다. 어떤 것은 완전히 포기해야 하며, 당분간 미루어야 할 것도 있습니다. 권력과 부 또한 예외가 아닙니다.

  그러므로 사물의 겉모습에 좌우되지 마십시오. 마음이 흔들릴 때마다 '아무리 그럴듯한 모습으로 보일지라도 이것은 단지 거죽에 불과할 뿐'이라고 생각하는 버릇을 길러야 합니다. 그다음에 해야 할 일은 자신이 가진 이성의 잣대로 꼼꼼히 따져 보는 것입니다. 우선 그것이 내 뜻대로 할 수 있는지, 아니면 할 수 없는지를 살피고, 만일 자신의 뜻대로 할 수 없는 것이라면 언제라도 버릴 준비가 되어 있어야 합니다.

2

자신의 뜻대로 할 수 있는 것에만 관심을 두십시오

욕망에는 자신이 갈망하는 것을 얻고자 하는 소망이 담겨 있습니다. 반면, 혐오감에는 원하지 않는 것은 한사코 피하고픈 바람이 들어 있습니다. 누구나 원하는 것을 얻지 못하면 실망하고, 피하고 싶은 것에 말려들면 괴로워합니다.

그러므로 그대의 뜻대로 할 수 있는 것에만 관심을 두십시오. 그리고 그중에서 자연의 섭리에 어긋나는 것은 피하십시오. 그러면 원하지 않는 것을 겪게 되는 일은 생기지 않습니다. 그러나 질병, 죽음, 가난 등 외적인 것을 피하려고 하면 고통을 겪게 될 것입니다. 이것들은 우리의 의지대로 되는 것이 아니기 때문입니다. 자신의 힘으로 어쩔 수 없는 것에 대해 원망하지 마십시오. 뜻대로 할 수 있는 것에만 관심을 두고 그중에서 자연의 이치에 어긋나는 것을 피하십시오.

경우에 따라 욕망을 완전히 거둘 수 있어야 합니다. 뜻대로 되지 않는 것을 원한다면 불행해질 수밖에 없기 때문이지요. 그러다 보면 그대에게 바람직하면서 그대 뜻대로 할 수 있는 것조차 얻지 못하게 됩니다. 그러므로 사물에 따라 어떤 것은 추구하고 어떤 것은 적절히 물리칠 수 있어야 합니다.

3

사물의 본성을 보십시오

그대의 영혼을 즐겁게 하는 것, 그대의 욕구를 채워 주는 것, 그대가 아끼는 모든 것의 특성과 함께 그것들의 본성을 생각해 보십시오. 가장 하찮은 것부터 말입니다.

예를 들어, 그대가 몹시 아끼는 잔이 하나 있다고 합시다. 그것은 그저 잔일뿐입니다. 그러므로 그대가 좋아하는 것은 단지 잔에 지나지 않는다고 생각하십시오. 그러면 설사 그 잔이 깨진다고 해도 그대에게 아무런 영향을 끼치지 않을 것입니다.

사랑하는 가족에게 입을 맞출 때에는 그대가 지금 껴안은 대상은 그저 사람일 뿐이라고 생각하십시오. 사람은 언젠가는 죽게 됩니다. 그렇게 생각하면 설혹 그들이 죽는다 해도 고통을 이겨낼 수 있을 것입니다.

4

이성에 따라 행동하는 것이
자연의 섭리에 따르는 것입니다

어떤 일이든 시작하기에 앞서 그것의 본성에 대해 생각해야 합니다. 예를 들어, 공중목욕탕에서 목욕할 생각이라면 먼저 그곳에서 어떤 일이 일어날 것인가를 한 번 그려 보십시오. 사방에 물을 튀기는 사람도 있을 것이고, 서로 몸을 부딪치는 일도 있을 것입니다. 때로는 싸우는 사람에, 남의 물건을 노리는 이도 있을 것입니다. 목욕을 잘 마치려면 목욕하기에 앞서 "나는 목욕을 하는 동안에도 이성의 힘으로써 나의 의지와 자연이 조화를 이루도록 하겠다"라고 다짐하십시오.

모든 행동에서 이와 같은 태도로 임하십시오. 하려는 일이 방해를 받을 때에는 그대가 의도했던 것은 비단 그 일뿐만 아니라 자연의 섭리에 따라 이성적으로 행동하는 것이라는 점을 상기하십시오. 방해가 있다고 해서 화를 내다면 자연과 조화를 이룰 수 없습니다.

5

죽음 그 자체가 아니라
죽음에 대한 관념 때문에 고통이 옵니다

나쁜 일을 당했을 때 우리가 괴로워하는 것은 그 일 자체로 말미암은 것이 아니라 그 일에 대해 우리가 가진 관념 때문입니다. 죽음 그 자체는 두려운 일이 아닙니다. 만약 죽음이 두려운 것이라면 소크라테스도 그것을 두려워했을 것입니다. 죽음은 두려운 것이라는 생각, 바로 그것 때문에 죽음이 무서운 것입니다.

그러므로 방해를 받거나 고통스럽거나 슬픔을 당할 때에도 절대 남을 탓하지 말고 자신 즉, 자신의 관념을 탓해야 합니다. 일이 뜻대로 되지 않는다고 남을 탓하는 사람들은 깨우치지 못한 자들입니다. 이제 막 깨우치기 시작한 사람들은 자신을 탓합니다. 그러나 완전히 깨우친 사람은 남도 자신도 탓하지 않습니다.

6

자신에게 주어진 모든 것을 잘 활용하십시오

아름다운 말이 있어 사람들이 찬탄한다면, 그 말은 자기의 아름다움에 대해 자랑해도 좋을 것입니다. 그러나 사람들이 아름다운 말을 소유한 그대를 칭찬한다면 그것은 그대 때문이 아니라 말 때문이라는 것을 잊지 마십시오. 자신의 장점이 아니라면 우쭐댈 이유가 없습니다.

그렇다면 그대 자신의 것은 무엇일까요? 그것은 자신에게 주어진 모든 것과 자신에게 일어나는 모든 일을 제대로 판단하고 활용하는 이성입니다. 그러면서 자연과 조화를 이룰 수 있다면 그대는 뛰어난 사람입니다. 그때야 비로소 온전히 자신만의 장점 때문에 그대는 돋보이는 것입니다.

7

가장 본질적인 것에서 눈을 떼지 마십시오

항해 도중 배가 잠시 항구에 정박했다고 합시다. 물을 구하려고 배에서 내려 해변을 걷다 보면 예쁜 조개를 줍는 행운도 맛볼 수 있을 것입니다. 그렇다 하더라도 한시라도 배에서 눈을 떼서는 안 될 것입니다. 선장이 부르면 언제라도 모든 것을 던져 버리고 달려가야 하니까요. 그렇지 않으면 낭패를 당할 수도 있겠지요.

인생도 이와 마찬가지입니다. 조개 대신 그대는 사랑하는 가족을 얻게 되겠지요. 그러나 선장이 부르면 모든 것을 그대로 남겨 두고 배로 달려가야 합니다. 그러니 나이가 많다면 배에서 너무 멀리 떨어지지 않도록 해야겠지요. 선장이 불러도 제시간에 달려가지 못할 수도 있을 테니까요.

8

세상만사를 일어나는 대로 받아들이십시오

꽃

이 세상 모든 일이 그대가 의도하는 대로 일어나기를 바라지 마십시오. 오히려 그것들이 지금 일어나는 대로 진행되기를 바라야 합니다. 그러면 평온한 삶을 살 수 있습니다.

9

그 무엇도 의지를 막을 수는 없습니다

병에 걸리면 육체는 약해집니다. 그러나 스스로 굴복하지 않는 한, 의지는 영향을 받지 않습니다. 다리를 전다고 해서 의지까지 절게 되지는 않습니다. 세상만사를 이처럼 생각하십시오. 어떤 일이 일어나든 다른 것에는 장애가 될지언정 그대 자신에게는 장애가 될 수 없습니다.

10

그대에게는 매사에
대처할 수 있는 능력이 있습니다

어떤 일이 일어날 때마다 자신을 돌아보십시오. 자신의 내부에 그 일에 대처하는 힘이 무엇이 있는지를 곰곰이 살펴보아야 합니다. 매력적인 상대를 만난 경우라면 자제력이 필요하겠지요. 고통이나 힘든 일을 당할 때는 인내력이 요구됩니다. 누군가가 그대에게 욕을 한다면 참을성을 발휘해야 합니다. 이런 식으로 습관을 들이면 어떤 일이 일어나든 그것의 겉모습에 좌우되지 않게 됩니다.

11

본디 내 것은 하나도 없습니다

어떤 것을 잃게 되던 "잃었다"라고 말하지 말고 "원래 있던 곳으로 되돌아갔다"라고 하십시오.

자식이 죽었습니까? 그 아이는 원래 자리로 돌아간 것입니다. 사랑하는 사람이 죽었습니까? 그이 또한 왔던 곳으로 되돌아간 것입니다. 재산 또한 마찬가지입니다. 원래 자리로 돌아간 것입니다.

내 것을 빼앗겼다고 생각하면 화가 나기도 하겠지요. 그렇지만 그것들을 내게 주신 분이 되돌려 달라고 하는 것이니 어쩌겠습니까? 그것들은 그분이 허락하신 동안만 잠시 맡아 둔 것뿐입니다. 그러므로 그것들은 내 것이 아니라 남의 것입니다. 마치 길 떠난 나그네가 잠시 여관에 머무는 것과 같은 것이지요.

12

지혜로운 사람은 언제나
마음의 평정을 잃지 않습니다

삶의 목적은 행복이며, 행복은 마음의 평정에서 옵니다. 이 같은 삶의 지혜를 추구하는 사람이라면 다음과 같은 사고방식은 버려야 합니다.

"일을 게을리하면 생계가 끊어지는 수도 있겠지."

"마구 다그치지 않으면 노예들이 말을 잘 듣지 않을 거야."

근심과 두려움 등 끊임없이 염려하고 혼란스러운 마음으로 사느니 차라리 굶어 죽는 것이 훨씬 낫습니다. 노예들을 다그친다고 해서 그들이 말을 잘 듣는다는 보장도 없거니와 그럴수록 그대만 더 성이 나고 불행해질 뿐입니다. 그대가 불행해지는 것보다는 차라리 말 안 듣는 노예를 두는 편이 낫겠지요.

그러니 아주 사소한 일부터 연습을 시작하십시오. 어린 노예가 잘못해서 기름을 엎지를 수도 있고 포도주병에 손을 댈 수도 있습니다. 그때에는 자신에게 타이르십시오.

"이것을 참아야만 근심에서 벗어날 수 있다."

"마음의 평정을 얻으려면 이 정도는 내야겠지."

이 세상에 대가 없이 얻어지는 것은 하나도 없습니다.

노예를 부를 때에는 그가 주의를 기울이지 않고 있을지도 모른다고 생각하십시오. 설사 들었다고 해도 그대가 바라는 대로 움직이지 않을 수도 있습니다. 그러나 그대에게는 어떤 일이 일어나든 마음의 평정을 유지할 수 있는 능력이 있으므로 그들의 태도에 휘둘리지 않을 것입니다.

13

지혜와 명성 중 보다 중요한
한 가지에 집중하십시오

❧

삶의 지혜를 추구하고자 한다면 명성 따위의 외적인 것에 대해서는 무감하고 무심한 사람으로 보이도록 처신하십시오. 그런 것과는 전혀 상관없는 사람이라는 말을 듣는 것이 좋습니다.

누군가 그대를 대단한 인물로 여긴다는 느낌이 들면 자신의 태도를 반성하십시오. 자연의 섭리에 따르는 삶을 추구하면서 명성 등 외적인 것을 함께 누리기를 바랄 수는 없습니다. 한쪽에 집중하다 보면 다른 한쪽은 필연적으로 무시할 수밖에 없습니다.

14

자유를 원한다면
아무것도 바라지 마십시오

사랑하는 가족이나 친구들이 영원히 살기를 바라는 것은 어리석은 일입니다. 자신의 뜻대로 할 수 없는 일에 대해 그렇게 되기를 바라는 것이니까요. 내 것이 아닌 것을 내 것이라고 우기는 것과 같습니다. 노예가 잘못을 저지르지 않기를 바라는 것 또한 어리석은 일입니다. 그것 또한 자신의 뜻대로 할 수 없는 일을 바라는 것이기 때문입니다. 욕망은 우리 뜻대로 할 수 있으니, 욕망에 휩쓸리지 않도록 노력해야 합니다.

만약 그대가 원하는 것을 주고, 원하지 않는 것은 없애 주는 능력을 갖춘 사람이 있다면, 그대는 결국 그의 지배를 받게 될 것입니다. 그러므로 자유를 원한다면 아무것도 바라지 마십시오. 남에게 의존하지도 마십시오. 이 원칙을 잊는다면 그대는 노예의 신세를 면치 못할 것입니다.

15

매사에 자신의 차례가 오기를 기다리십시오

우리의 삶이 연회에 참석한 것과 같다고 생각하십시오. 그대 앞에 막 음식이 놓였다고 합시다. 점잖게 손을 뻗어 적당한 양만을 덜어야 하겠지요. 음식이 그대 앞에 놓이지 않은 채 그대로 지나가더라도 그것을 집으려고 안달하지 말고, 아직 그대에게 차례가 오지 않았다고 생각하십시오. 오지 않은 음식을 향해 욕심을 내지 말고, 음식이 그대 앞에 놓일 때까지 기다리십시오.

가족, 권력과 일, 돈에 대해서도 이와 같은 태도를 보여야 합니다. 그러다 보면 언젠가는 신께서 베푼 잔치에서도 귀한 손님이 될 수 있을 것입니다. 그대 앞에 놓인 것을 취하지 않고 더 나아가 그것을 무시할 수 있다면 신과 함께 잔치를 즐길 수 있을 뿐만 아니라 신들의 권위를 나누어 가질 수도 있습니다. 디오게네스와 헤라클레이토스도 이 같은 원칙에 따라 행동함으로써 자연히 신과 같이 된 것입니다.

16

남의 고통에 대해서도
분별력을 잃지 마십시오

멀리 떠난 자녀가 그리워, 혹은 어린 나이에 세상을 떠난 자녀를 잊지 못해 흐느끼는 사람을 본 일이 있겠지요. 또 재산을 잃고 절망에 빠진 친구도 주변에 있을 것입니다. 그대의 친구가 고통스러워하는 이유가 뜻대로 되지 않는 외적인 일 때문이라고 속단하지 마십시오. 친구가 괴로워하는 것은 그가 당한 일 때문이 아닙니다. 모든 사람이 그런 일을 당했다고 괴로워하지는 않습니다. 그가 지금 힘들어하는 것은 그 일을 고통스러운 일이라고 생각하기 때문입니다.

괴로워하는 친구에게는 동정의 말을 나누고 그와 함께 슬퍼하십시오. 그러나 그대 스스로 슬픔에 빠지지는 마십시오.

17

인생이라는 연극에서
주어진 배역에 충실하십시오

그대는 다만 작가의 의도대로 연극 속에 등장하는 배우에 불과하다는 것을 명심하십시오. 작가가 단막극을 쓰면 짧은 생을 사는 것이고, 장막극을 쓰면 조금 오래 사는 것입니다.

가난뱅이 역을 맡으라고 하면 기꺼이 그 역할을 잘할 수 있도록 노력하십시오. 절름발이, 지도자, 혹은 평범한 시민의 역할을 줄 수도 있겠지요. 그대가 할 일은 주어진 배역을 온 힘을 다해 연기하는 것입니다. 배역을 선택하는 것은 우리가 할 수 있는 일이 아닙니다.

18

모든 일이 그대에게
도움이 된다고 생각하십시오

까마귀가 목쉰 소리로 불길하게 운다고 불안해하지 마십시오. 겉으로 드러난 것만으로 속단해서는 안 됩니다. 그때는 마음속의 분별심을 일깨워 자신에게 타이르십시오.

"이런 일은 내게 아무런 의미가 없다. 내 몸이나 재산, 명성, 사랑하는 내 가족들에게도 불길한 조짐이 될 수 없다. 나 스스로 길조라고 생각하고 그러기를 바라면 모든 일은 내게 유리하도록 풀리게 되어 있다. 결과가 어떻든 나는 그것에서 내게 이로운 것을 얻어내는 능력이 있기 때문이다."

19

자신의 뜻대로 할 수 없는 일은
관심조차 두지 마십시오

그대의 뜻대로 되지 않는 싸움에 끼어드는 일만 없다면 그대를 쓰러뜨릴 수 있는 것은 아무것도 없습니다.

명성이 자자한 사람, 권력이 많은 사람, 어떤 이유로든 칭송받는 사람들은 행복할 것이라고 단정하지 마십시오. 겉모양에 현혹되어서는 안 됩니다.

행복은 그대의 뜻대로 할 수 있는 것에서만 찾을 수 있습니다. 이 점을 깨달으면 남을 질투하는 일도, 부질없이 부러워하는 일도 없겠지요. 장군이나 원로원 의원, 또는 집정관이 되는 것보다는 자유인이 되도록 노력하십시오. 방법은 오직 하나입니다. 그대의 뜻대로 되지 않는 것은 바라지도 말고, 관심조차 두지 않는 것입니다.

20

사물의 겉모습에 휘둘리지 말고 마음을 다스리십시오

그대에게 욕을 하거나 때리는 사람들이 있어 모욕을 느낀다면 그것은 그 사람들 때문이 아닙니다. 그대가 그것을 모욕이라고 생각하기 때문에 모욕감을 느끼는 것입니다. 그대를 화나게 하는 사람도 있겠지요. 그러나 화를 돋우는 것은 그 사람이 아닙니다. 그 사람이 화를 돋운다고 생각하기 때문에 화가 나는 것입니다.

절대로 사물의 겉모습에 휘둘리지 마십시오. 시간을 두고 잠시 뒤로 물러났다가 다시 보십시오. 그러면 마음을 다스리는 일이 훨씬 수월해질 것입니다.

21

고통, 특히 죽음을 직시하십시오

죽음, 유배, 그 밖의 모든 고통을 피하지 말고 똑바로 보십시오. 특히 죽음을 직시해야 합니다. 그러면 비참한 생각에서도, 과다한 욕망에서도 벗어날 수 있습니다.

22

지혜를 추구하는 사람은
겸손해야 합니다

철인과 같이 지혜로운 삶을 추구한다면 먼저 남들의 조롱을 각오하십시오. 주변 사람들조차 "저자가 갑자기 철학자라도 된 양 잘난 척하는 표정을 짓고 있다"라고 비웃을지도 모릅니다.

겸손한 태도를 보이십시오. 그리고 신께서 주신 최선의 것으로 그대가 믿는 것을 굳건히 지키십시오. 그러다 보면 처음에는 그대를 조롱하던 사람들도 생각을 바꾸게 될 것입니다. 그렇지 못하면 더 많은 조롱을 받게 되겠지요.

23

남의 비위를 맞추려다
인생의 목적을 잃을 수도 있습니다

때로는 다른 사람의 비위를 맞추고자 자신의 뜻대로 할 수 없는 외적인 것에 눈을 돌릴 수도 있겠지요. 그러나 그러다가는 인생의 목적을 잃게 될 수도 있습니다.

어떤 일에서나 삶의 지혜를 추구하는 것으로 만족해야 합니다. 남들의 눈에 지혜롭게 보이려고 하느니, 그대 스스로 지혜로운 사람이 되려고 노력하십시오. 그대는 그렇게 할 수 있습니다.

24

명예와 돈보다 중요한 것은 품성입니다

아무 명예도 얻지 못한 채 하찮은 사람으로 살다가 죽는 것이 아닐까 염려하지 마십시오. 남들에게 칭찬받지 못한다 하여 삶이 잘못되는 것은 아닙니다.

인생의 목적이 무엇입니까? 권력 있는 자리입니까? 아니면 내로라하는 사람들의 모임에 초대되는 것입니까? 아닙니다. 권력이 없고 대단한 사람이 못 된다고 해서, 그것이 어찌 잘못된 삶이라고 할 수 있겠습니까? 자신의 뜻대로 할 수 있는 일, 진실로 가치를 발휘할 수 있는 부문에서 뛰어난 사람은 하찮은 사람이라고 할 수 없습니다.

권력이 없으면 친구들에게 도움을 줄 수 없다고 생각할 수도 있습니다. 도움이 못 된다는 것은 그들에게 줄

돈도 없고, 영향력을 행사할 수도 없다는 말이겠지요. 하지만 돈이나 권력은 자신의 뜻대로 되는 것이 아닙니다. 자신도 갖지 못한 것을 어떻게 남에게 줄 수 있단 말입니까?

친구들 중에는 이렇게 말하는 사람도 있을 것입니다.

"자네가 돈을 많이 벌어 우리에게 조금씩이라도 나누어 주면 좋지 않겠나?"

돈을 벌면서도 동시에 스스로 부끄럽지 않고 성실하고, 고결한 품성을 유지하는 방법이 있다면 내게 일러 주십시오. 나도 한 번 그렇게 해 보겠습니다. 그러나 그 방법이라는 것이 옳지 않은 것을 얻으려고 내가 가진 좋은 품성을 잃어야 한다면, 그것은 옳지도 않거니와 어리석기

짝이 없는 일입니다. 부끄럽지 않고 성실한 친구와 돈, 둘 중에서 하나를 선택해야 한다면 어느 쪽을 택해야 하겠습니까? 친구를 위해서는 그가 가진 좋은 품성들을 잃지 않도록 옳지 않은 것을 원하지 않아야 할 것입니다.

때로는 이런 생각도 들 것입니다.

"친구는 그렇다 치고, 국가를 위해 뭔가 해야 하지 않을까?"

그 일이 대체 무엇입니까? 건물이나 목욕탕을 지어내놓는 것일까요? 아닙니다. 그렇다면 과연 우리가 국가를 위해 해야 할 일이 무엇일까요? 대장장이가 신발을 만들고, 신발 만드는 사람이 무기를 만드는 것일까요? 물론 그것도 아닙니다. 우리가 할 일은 각자 자신의 일을 충실하게 하는 것입니다. 모든 사람들이 성실하게 자기의 일을 한다 해서 그대가 쓸모없는 사람이 되지는 않습니다. 그대 또한 자기의 몫을 하는 것이니까요.

여기에서 또 다른 물음이 생길 수도 있습니다.

"하지만 사회적 지위라는 것도 무시할 수 없지 않은가?"

성실성과 겸손함을 유지할 수만 있다면 어떤 자리에 앉든 상관없습니다. 그러나 사회에 이바지한다는 핑계로 이 같은 품성을 잃어버린 채 염치도 모르고 의리도 없는 자가 된다면 그것은 아무런 의미도 없습니다.

25

아첨을 하고 명성을 얻는 것보다
더 중요한 것이 있습니다

모임에 가면 특별히 인기를 누리거나 인사를 많이 받는 사람이 있습니다. 그의 곁은 조언을 구하려고 모여든 사람들로 북적거리겠지요. 그것이 좋은 일이라면 남들이 그 같은 대접을 받는 것을 기뻐하십시오. 설령 그것이 좋지 않은 일이라 해도 그대에게 생긴 일이 아니니 그 또한 근심할 것이 없습니다.

인기나 명성 등 자신의 뜻대로 되지 않는 것을 얻고 싶다면 남들과 똑같이 해야 합니다. 남들이 하듯 높은 사람의 집을 찾아가고, 출장에도 동행해야겠지요. 아첨도 칭찬도 하지 않은 채 남들과 똑같은 몫을 얻을 수는 없습니다. 대가를 치르지 않고 인기나 명성을 거저 얻기를 바라는 것은 옳지 못할 뿐 아니라 욕심 사나운 일이기도 합니다.

예를 들어, 시장에 나온 상추가 있다고 합시다. 상추를 내 것으로 만들려면 돈을 내야 합니다. 돈을 내지 않았다면 상추를 얻지 못한 것에 대해 불편하지 말아야 합니다. 상추를 가진 사람이나 갖지 못한 사람이나 자신의 몫을 똑같이 얻은 것입니다. 전자는 상추를 가졌고 후자는 돈을 가졌으니까요.

우리의 삶도 이와 마찬가지입니다. 누군가가 베푸는 모임에 초대되지 못했다면 그 사람에게 대가를 내지 않았기 때문입니다. 그가 바라는 것이 아첨일 수도 있고 개인적인 관심일 수도 있습니다. 그것이 그대에게 이익이 된다면 대가를 내야겠지요. 대가도 내지 않은 채 얻기만을 바라는 사람은 바보에다가 욕심꾸러기입니다.

  그러나 세상에는 모임이나 명성보다 더 중요한 것이 있습니다. 그대에게 진실로 중요한 다른 무엇이 있다면 존경하지도 않는 사람들에게 억지로 아첨을 떨 필요는 없을 것입니다.

26

모든 일에서
자연의 의지를 배우십시오

우리는 모든 사람들에게 공통으로 일어나는 일에서 자연의 의지를 배울 수 있습니다.

예를 들어, 이웃집 노예가 잔을 깼다고 합시다. 모두 흔히 일어날 수 있는 일이라고 아무렇지도 않게 말하겠지요. 여기에서 명심할 것은 자신의 잔이 깨졌을 때에도 이웃집 잔이 깨졌을 때와 똑같이 생각해야 한다는 것입니다.

그러면 이번에는 더 중요한 일에 대해 생각해 봅시다. 친구의 가족 중 하나가 죽었다고 가정하지요. 누구에게나 일어나는 일이니 어쩔 수 없지 않으냐고 그대는 말할 것입니다. 그러나 그대의 가족 중 누군가가 죽었다면 그대는 자신의 처지를 한탄하고 슬픔에 빠질 것입니다. 이

럴 때에는 남에게 그와 같은 일이 일어났을 때 그대의 감정이 어떠했는지를 생각할 일입니다.

27

삶의 목표를 잃지 마십시오

과녁을 설정하는 것은 목표를 놓치지 않기 위해서입니다. 삶의 목표를 잃어버리지 않는다면 불행 또한 존재하지 않을 것입니다.

28

정신을 소중히 여기십시오

누군가 당신의 몸을 길에서 만난 아무에게나 넘겨준다면 그대는 화가 날 것입니다. 그런데 그대는 지나가는 사람에게 자신의 정신을 내어 주고 있습니다. 그 결과, 그 사람이 그대를 비난한다면 이는 혼란스럽고 괴로운 일이 됩니다. 그대는 이것이 부끄럽지 않습니까?

29

전후 관계를 꼼꼼히 따진 후
행동에 옮기십시오

어떤 행동을 하든 전후 관계를 살펴야 합니다. 먼저 해야 할 일이 무엇인지, 다음에는 어떤 일이 따를지 꼼꼼히 검토하십시오. 그런 다음 행동에 옮겨야 합니다. 그렇지 않고 의욕에 넘쳐 무작정 서두를 경우, 예기치 못한 일이나 어려움을 만나면 중도에 포기하게 됩니다.

누구나 올림픽 경기에 나가 우승을 하고 월계관을 쓰고 싶을 것입니다. 저 또한 그렇습니다. 얼마나 멋진 일입니까? 그렇다면 먼저 어떤 일을 해야 하는지 그리고 그다음 단계에는 무엇을 해야 하는지를 따져 봐야 합니다. 그리고 나서 행동에 들어가는 것입니다.

우선 모든 것을 규칙에 따라 해야 합니다. 먹는 것도 엄격하게 가려야 하며, 때로는 맛있는 것도 못 본 척해야 합니다. 아무리 덥거나 추워도 지정된 시간에는 열심히 훈련하고, 찬물이나 포도주도 마음대로 마실 수 없습니다. 의사의 처방에 따르듯 트레이너의 말에 완전히 몸을 맡겨야 합니다. 그뿐만이 아닙니다. 손을 다칠 수도 있고 발목을 삘 수도 있습니다. 흙먼지를 많이 마셔 기진맥진할 때도 있을 것입니다. 그리고 이 모든 혹독한 훈련에도 경기에서 질 수도 있습니다.

 이 모든 것을 생각하고 난 후에도 여전히 경기에 나가고 싶다면 그렇게 해야 할 것입니다. 생각 없이 행동하는 것은 철없는 어린애와 다를 바 없습니다. 아이들은 씨름놀이를 하다가도 어느새 검투사가 되고, 트럼펫을 불고, 또다시 연극놀이를 하니까요.

영혼을 송두리째 바치지 않는다면 아무것도 이룰 수 없습니다. 그저 순간순간 자신을 기쁘게 하는 것을 쫓아 원숭이처럼 흉내만 내다 말겠지요. 깊이 생각하지도 않고 자세히 따져 보지도 않은 채 아무렇게나 성의없이 임하게 될 것이 뻔하기 때문입니다. 그러다가 다행히 유프라테스 같은 철인을 만나 스스로 그와 같이 되고자 노력할 수 있을지도 모르겠습니다.

우선 그대가 원하는 것이 무엇인지 생각해 보십시오. 그런 다음 과연 그대가 그 일을 해낼 수 있을지 자신을 돌아보십시오. 5종 경기 선수나 레슬러가 되기를 원한다면 팔, 허벅지, 허리가 튼튼해야 할 것입니다. 사람은 각기 다른 일을 하도록 재주와 능력을 타고나는 법입니다.

남들과 똑같이 먹고 마시고 어려운 것을 싫어해서는 자신의 일을 제대로 할 수 없습니다. 때로는 잠도 줄여야 하고, 어려움도 마다하지 말아야 합니다. 가족과 떨어져 지내야 할 때도 있고 하찮은 자들로부터 조롱받는 일도 있겠지요. 명예, 일, 지위, 그 밖의 모든 것에서 남보다 떨어질 수도 있습니다.

마음의 평정과 자유를 얻으려면 이 같은 난관을 기꺼이 헤쳐나갈 각오가 되어 있어야 합니다. 그런 각오가 없이 지혜로운 삶을 추구할 수는 없습니다. 갈팡질팡하는 어린애같이 철학자에서 관료로, 다시 정치가로 목표를 바꾸지 말고 일관성을 가져야 합니다.

우리는 결국 한 길 밖에는 갈 수 없습니다. 선한 길을 가거나 아니면 나쁜 길을 가는 것입니다. 즉, 자신의 이성을 계발하거나, 아니면 외적인 것에 집착하는 것이지요. 바꾸어 말하면 철인의 삶을 살거나, 아니면 평범한 사람의 길을 가는 것입니다.

30

의무는 사람들과의
관계에서 비롯됩니다

의무는 보편적으로 관계에서 비롯됩니다. 아버지와 자식을 생각해 봅시다. 자식은 아버지를 돌보고 모든 일에 그의 의견을 따라야 합니다. 꾸짖음과 질책도 기꺼이 받아들여야 합니다. 그런데 그분이 좋은 아버지가 못 된다고 합시다. 모든 사람들이 좋은 아버지를 둔 것은 아니지요. 그렇지만 그분은 그대의 아버지입니다.

아무리 못된 형을 두었다 하더라도 그대가 할 일은 형제의 본분을 지키고 그가 무슨 짓을 하든 관계없이 자연의 섭리에 따라 이성적으로 행동하는 것입니다. 남들이 어떤 짓을 하든 그대가 스스로 선택하지 않는 한, 그대에게는 아무런 영향을 주지 못합니다. 그러나 자신이 피해를 본다는 느낌이 드는 순간 그대는 피해를 보게 될 것입니다.

  이렇게 관계에 대해 깊이 생각하는 습관을 들인다면 이웃이나 시민, 지도자로서 의무가 무엇인지를 자연스럽게 깨닫게 될 것입니다.

31

신앙의 본질은 질서정연한
자연의 섭리를 믿는 것입니다

신앙에 대해 명심해야 할 것은 신에 대해 올바른 견해를 갖는 것입니다. 즉, 신은 존재하며, 만물을 질서정연하고 공평하게 주재한다는 것을 믿어야 합니다. 이 질서를 믿고, 신에 복종하며 자신에게 일어나는 모든 일을 기꺼이 받아들여야 합니다. 또한, 이 질서를 가장 지혜로운 이성이 이끄는 섭리로 믿고 따라야 합니다. 그러면 신을 원망할 일도, 신께서 우리를 버렸다고 비난할 일도 없습니다. 그러려면 우리 뜻대로 안 되는 일은 피하는 방법밖에는 없습니다.

오직 그대의 의지대로 되는 것에 대해서만 선악을 구별하십시오. 뜻대로 할 수 없는 일에 대해 좋고 나쁨을 판단하게 되면 원하는 것을 얻지 못하거나 반대로 원하지 않은 일이 생길 경우 그 원인이 되는 것을 원망하고 비난하게 됩니다. 왜냐하면 해가 될 것은 꺼리고 도움이 될 것을 추구하는 것이 모든 생물의 본성이기 때문입니다.

 해를 입었다고 생각하는 사람이 해를 끼친 원인을 좋아할 수는 없습니다. 피해를 좋아하는 사람은 없으니까요. 부모가 되어 자식에게 올바른 견해를 물려주지 못하면 자식은 부모를 욕되게 합니다. 오이디푸스 왕의 두 아들 폴리니스와 에테오클레스는 서로 왕권을 차지하고자 등을 지고 말았습니다. 왕권에 대해 올바른 견해를 갖지 못했기 때문입니다. 땅을 가는 농부, 뱃사람과 상인, 사랑하는 가족을 잃은 사람들이 신을 원망하는 것 또한 모두 이와 같은 이유 때문입니다.

사람들은 자신에게 이득이 되는 것을 섬기기 마련입니다. 인생에서 마땅히 추구해야 할 것을 추구하고 피해야 할 것을 피하려고 노력하는 사람은 신앙에 대해서도 그러합니다. 그러나 선조의 관습을 지켜 제사에 올릴 술을 장만하고 첫 번째로 수확한 열매를 순수하고 정성스러운 마음으로, 너무 넘치지도 과하지도 않게 바치는 것 또한 우리가 해야 할 일입니다.

32

예언이나 점술보다는
이성에 의지하십시오

예언이나 점에 의지하는 사람은 그 결과가 어떻게 나올 것인지 전혀 모르는 채로 예언가나 점쟁이를 찾아갑니다. 그러나 진정 지혜로운 사람은 그 어리석음을 알고 있습니다. 일어날 일이 우리 뜻대로 할 수 없는 일이라면 그것은 우리에게 좋은 것도, 나쁜 것도 아니기 때문입니다. 그러므로 예언가에게 갈 때는 자신이 바라는 것이나 꺼리는 것을 생각할 필요가 없으며, 그 앞에서 불안해할 필요도 없습니다.

어떤 점괘이든 선도 악도 아니라고 생각하고, 그것을 유익하게 활용할 수 있는 능력이 자신에게 있으며 누구도 이를 방해할 수 없다는 믿음을 가져야 합니다. 그러한 믿음이 생기면 신께 가십시오. 신께서 어떤 신탁을 내리

시건 그대가 도움을 위해 선택한 분이 신이며, 만약 그의 말에 따르지 않는다면 그것이야말로 신을 거역하는 것임을 상기하십시오.

소크라테스가 말한 것 같이 이성이나 다른 기술적인 방법으로 해결할 수 없는 문제라면 점술가를 찾아가야 하겠지요. 하지만 위험에 처한 친구나 국가를 구하고자 싸움에 뛰어들어야 하느냐를 놓고 점술가를 찾아가서는 안 됩니다. 죽음이나 불구, 또는 추방을 의미하는 나쁜 점괘가 나왔다 하더라도 그대의 이성은 친구나 국가의 위험을 함께 나누어야 한다고 명령할 테니까요. 그러므로 이 경우에는 위대한 신 아폴론에게 의지해야 합니다. 아폴론 신은 살해당할 위기에 처한 친구를 외면한 자를 자신의 신전에서 추방한 바 있습니다.

33

사람들과의 관계와 대화에서
일반적으로 지켜야 할 태도

혼자 있든, 여럿이 있든 언제나 변치 말고 지켜야 할 태도와 원칙이 있습니다.

가장 보편적인 원칙은 침묵입니다. 침묵할 수 없다면 꼭 필요한 말 몇 마디만을 하십시오. 드물게는 더 많은 말을 해야 할 경우도 있을 것입니다. 그러나 그런 때에도 검투사, 경마, 운동선수, 음식이나 옷치레 등 일상적인 주제는 삼가십시오. 특히 다른 사람들을 화제에 올려 비난하거나, 칭찬하거나, 비교하는 것은 피해야 합니다. 가능하다면 아는 사람들과 적절한 방향으로 대화를 끌어나가고, 우연히 모르는 사람들 사이에 있게 되었을 때에는 침묵을 지키는 것이 좋습니다.

너무 많이 웃는 것은 좋지 않습니다. 지나치게 자주 그리고 큰 소리로 웃는 것도 피해야 합니다. 맹세의 말은 가능한 한 피해야 하며, 어쩔 수 없을 경우라도 끝까지 회피하는 것이 좋습니다. 모르는 사람이 베푸는 모임에는 나가지 마십시오. 꼭 참석해야 할 경우에는 교양 없는 사람같이 보이지 않도록 주의하십시오. 아무리 깨끗한 사람이라도 불결한 사람과 자주 어울리다 보면 때가 묻는 법입니다.

음식, 술, 의복, 집, 노예같이 몸에 관계되는 것은 꼭 필요한 만큼만 취하십시오. 과시와 사치는 절대로 피하십시오. 혼전 관계는 되도록 자제해야 합니다. 만약 그런 관계에 빠지게 되면 관습에 어긋나지 않게 행동하십시오. 그렇더라도 쾌락에 빠진 사람을 비난하거나 꾸짖지는 마십시오. 스스로 쾌락을 멀리함을 자랑할 것도 없습니다.

만약 그대에 대해 나쁘게 말하는 사람이 있다는 말을 듣더라도 변명하지 마십시오. 그때는 그저 "그 사람이 그 이야기만 한 것을 보니 나머지 내 단점은 모르는 모양"이라고 넘기는 것이 좋습니다.

극장에 가는 것은 되도록 삼가는 것이 좋습니다. 기회가 있어 연극을 보게 될 때에는 배우나 작품에 지나치게 열광하지 않도록 주의하십시오. 대수롭지 않은 장면이나 배우에 대해 환호하고 웃으며 지나치게 감정에 휩쓸리는 것도 피해야겠지요. 연극을 보고 난 후에도 자신의 인생에 도움이 될 만한 것이 아니라면 감상을 남발하는 것은 좋지 않습니다. 연극에 깊이 빠지는 것은 바람직하지 않습니다.

사람들, 특히 자신보다 우월한 사람을 만날 때, 소크라테스나 제논이라면 어떤 태도를 보였을까를 잠시 생각해 보십시오. 그러면 어렵지 않게 그 상황을 넘길 수 있을 것입니다.

높은 지위에 있는 사람을 만나러 갈 때에는 그가 대문을 열어 주지 않을 수도 있으며 내 일에는 관심조차 없을지도 모른다고 생각하십시오. 그런데도 그를 꼭 만나야 한다면 어떤 모욕도 견딜 각오를 하고 그 같은 고통을 겪게 된 것에 대해 불평하지 마십시오. 자신의 뜻대로 되지 않는 일로 인해 상처를 받는 것은 어리석은 사람들이나 하는 짓입니다.

여럿이 함께 있을 때에는 자신의 행적이나 어려움에 대해 떠들지 마십시오. 어려움을 털어놓는 사람은 속이 후련해질 수 있겠지만, 듣는 사람들은 괴롭다는 것을 생각해야 합니다.

좌중을 웃기려고 애쓰지 마십시오. 천박하게 보이기 쉬울뿐더러 남들에게 우습게 보이기 십상입니다.

성적인 이야기 또한 위험스런 습관입니다. 누군가 성적인 이야기를 꺼내려고 하면 적절히 때를 보아 저지하십시오. 이야기를 말리기 어렵다면 대꾸를 하지 말고, 얼굴을 붉히고 불쾌한 표정을 지어 못마땅하다는 것을 확실히 보여주십시오.

34

잡기에 빠지지 마십시오

오락이나 잡기에 빠지지 않도록 주의해야 합니다. 잡기에 끌리는 듯한 느낌이 들면 잠시 뒤로 물러나십시오. 그리고 그것을 즐길 때와 즐기고 난 후의 느낌을 생각해 보십시오. 놀 때는 즐겁기 한량없지만, 끝나면 후회와 자책만이 남을 것입니다. 그다음에는 잡기를 멀리한 후 어떤 느낌이 들게 될지 비교해 보십시오. 자신을 다스렸다는 기쁨을 느끼게 될 것입니다.

절제하며 오락을 즐길 수 있다는 생각이 들 때에도 그것의 마력과 쾌락에 정복당하지 않도록 조심하십시오.

35

결정한 일은 밀고 나가십시오

어떤 일에 대해 일단 결정을 했다면 누구 앞에서든 거리낌 없이 행동하십시오. 어쩌면 많은 사람이 그 일에 대해 부정적인 반응을 보일 수도 있습니다. 옳지 않은 일이라면 피해야겠지만 그 일이 옳다면 남들이 잘못 판단하여 비난한다 하더라도 두려울 것이 없겠지요.

36

논리도 예절도
적절한 때와 장소가 있습니다

'지금은 낮이다'와 '지금은 밤이다'라는 명제는 의미가 따로 있지만, 두 문장이 결합하면 의미가 없어집니다.

잔치에서 음식이 많이 담긴 접시를 덥석 집는 행위를 한 번 생각해 보십시오. 그렇게 하면 내 몸에는 이롭겠지만, 여럿이 있을 때 하는 행동으로는 적당하지 않습니다. 그러므로 남들과 함께 식사를 할 때는 자기 앞에 놓인 음식의 가치만을 따질 것이 아니라 함께 자리한 사람에 대해 지켜야 할 예절 또한 생각하십시오.

37

자신의 자리를 지키십시오

자신의 능력을 넘어서는 역할을 맡으면 이중으로 우를 범하게 됩니다. 그 역할을 해내지 못함은 물론이거니와, 잘할 수 있었던 본래의 역할까지 제대로 하지 못하게 되니까요.

38

이성을 보호하십시오

길을 걸을 때 못에 찔리거나 발을 삐지 않도록 조심하는 것처럼, 이성이 다치지 않도록 주의해야 합니다. 어떤 행동을 하든 이 점을 명심하십시오. 그러면 모든 일이 안전하게 이루어질 것입니다.

39

재산은 몸에 필요한 것만 갖추면 됩니다

재산은 몸에 필요한 것만 갖추면 됩니다. 신발이 발에 맞으면 되는 것과 같은 이치이지요. 몸의 요구에 맞추면 정도를 유지할 수 있습니다. 그러나 일단 정도를 넘어서면 낭떠러지에서 떨어지듯 제동을 걸 수 없습니다.

신발은 발에만 맞으면 충분한 것입니다. 그러나 금박 입힌 신발을 한 번 신어 본 사람은 점점 화려한 것을 찾게 되어 나중에는 수놓은 신발까지 구하게 되지요. 한 번 정도를 넘어서면 걷잡을 수 없이 많은 것을 요구하게 되는 법입니다.

40

겉모습보다 중요한 것은
내적인 미덕입니다

여자는 열네 살이 되면 성인이 되고 자기 몸을 치장하기 시작합니다. 남자와 동침할 것만을 생각하고 그것에 온 희망을 거는 것입니다. 그러나 여자들은 겸손하고 신중하고 자존심을 지키는 것이 더 중요하다는 것을 깨달아야 합니다.

41

몸보다 마음에 더 투자하십시오

자신의 몸에 지나치게 많은 시간을 투자하는 것은 변변치 못함을 스스로 드러내는 것입니다. 이런 사람들은 운동, 음식, 술과 성생활에 많은 시간을 들입니다. 그러나 이런 일들은 부수적일 뿐입니다. 모든 관심을 마음에 두십시오.

42

누구나 자신의 판단대로 행동합니다

때로 사람들로부터 무례한 대접을 받거나 비난을 받는 경우가 있을 것입니다. 그럴 때는 그들 또한 자신의 행동이 옳다고 생각하기 때문에 그렇게 한다는 것을 잊지 말아야 합니다. 사람들은 자신이 옳다고 생각하는 대로 행동합니다. 그대가 바라는 대로 남들이 행동해 주기를 기대하는 것은 환상일 뿐입니다.

만약 사람들이 잘못 판단한 것이라면 상처를 입는 쪽은 그들입니다. 왜냐하면 기만을 당한 것은 그들이니까요. 어떤 사람이 참인 명제를 놓고 거짓이라 한다고 합시다. 이때 피해를 보는 것은 명제가 아니라 그것에 대해 속은 사람입니다.

이런 관점에서 생각하면 그대를 욕하는 사람에 대해서

도 너그러워질 수 있을 것입니다.

"흠, 그 사람에게는 내가 그렇게 보였나 보군" 하고 넘어가면 그뿐이니까요.

43

모든 것에는 양면이 있습니다

모든 사물에는 양면이 있습니다. 한쪽으로 보면 해결되지 않는 것이 다른 쪽을 보면 쉽게 해결됩니다.

예를 들어, 형이 그대에게 부당한 짓을 했다고 합시다. 형의 부당한 행동에만 집착하면 문제를 해결할 수 없습니다. 이때는 다른 면에서 생각해야 합니다. 즉, 그가 나와 피를 나누고 함께 자란 형이라는 점을 생각하면 일은 풀리게 되어 있습니다.

44

잘못된 논리는 잘못된 결론을 낳습니다

'나는 너보다 부자이다. 그러므로 나는 너보다 낫다' 또는 '나는 너보다 말을 더 잘한다. 그러므로 나는 너보다 낫다' 와 같은 논리는 잘못된 것입니다.

이것은 '나는 너보다 부자이다. 그러므로 나는 너보다 돈이 많다' 또는 '나는 너보다 말을 더 잘한다. 그러므로 나는 너보다 더 설득력이 있다' 라고 해야 논리적으로 바른 것이 됩니다.

그러나 사람은 돈이나 설득력 따위로 결정되는 존재가 아니지요.

45

겉모습만으로 판단하지 마십시오

목욕탕에만 가면 순식간에 목욕을 마치고 나오는 사람이 있다고 합시다. 그때는 그에 대해 목욕을 엉터리로 하는 사람이라고 할 것이 아니라 목욕을 빨리하는 사람이라고 말해야 합니다. 술을 많이 마시는 사람도 마찬가지입니다. 고주망태라고 할 것이 아니라 술을 많이 마신다고 해야겠지요.

그가 그릇된 행동을 하는지 어떻게 알고 그처럼 판단할 수 있단 말입니까? 겉모습만 보고 판단할 수 있는 것은 아무것도 없습니다. 그저 다른 사람들의 견해에 따르는 것밖에 되지 않습니다.

46

지혜는 행동으로 나타납니다

어떤 경우에도 스스로 철학자라고 말하지 마십시오. 지혜롭지 못한 사람들과 철학에 대해 말하는 것을 삼가야 합니다. 오직 참된 지혜에서 나오는 태도를 보이면 됩니다. 예를 들어, 잔치에 참석했다면 음식을 어떻게 먹는 것이 옳은가를 설명할 것이 아니라 올바른 방법에 따라 음식을 들면 됩니다.

소크라테스도 그러했습니다. 사람들이 그에게 와서 철학자를 소개해 달라고 부탁하면, 그는 찾아온 사람들이 원하는 대로 철학자에게 그들을 데려다 주었습니다. 사람들이 자신을 알아주지 않아도 그는 개의치 않았던 것입니다.

따라서 어리석은 사람들과 함께 있을 때 철학에 대한

이야기가 나오면 침묵을 지키는 것이 좋습니다. 그렇지 않으면 아직 완전히 알지도 못하는 것을 떠들게 되는 수도 있으니까요. 철학에 대해 하나도 모르는 사람이라는 소리를 듣더라도 담담히 받아들이십시오. 바로 그런 태도가 철학을 실천하는 첫 단계입니다.

양은 자기가 얼마나 먹었는지 보여 주려고 양치기 앞에 먹은 풀을 토해 내지 않습니다. 뱃속에서 풀을 잘 소화시켜 털과 젖을 밖으로 내보낼 뿐입니다. 이와 마찬가지로 지혜로운 사람은 어리석은 자들에게 철학의 규범에 대해 말하지 않습니다. 그것을 자기 것으로 소화한 다음, 행동을 통해 보여줄 뿐입니다.

47

자신을 위해 검소하고
소박하게 살아야 합니다

자신의 몸을 위해 최소한의 돈을 들인다고 하더라도 이를 자랑하지 마십시오. 물만 마시고 사노라고 매번 떠들 것도 없습니다.

대신 가난한 사람들이 우리보다 얼마나 더 검소한지 그리고 얼마나 더 많이 일하는지 생각해 보십시오. 만약 힘써 일하며 참을성을 기르고 싶다면 그대를 위해서 그렇게 하십시오. 절대 남에게 보이려고 하는 것은 안 됩니다. 정말로 목이 타는 사람은 아무에게도 말하지 않고 찬물을 한바탕 들이키는 법입니다.

48

모든 것은 마음에서 비롯됩니다

평범한 사람들은 자신의 내부가 아니라 외적인 것에서 도움을 받기도 하고 피해를 보기도 합니다. 그러나 철인은 도움도, 피해도 모두 자기 자신으로부터 비롯됨을 아는 사람입니다.

그러므로 지혜를 추구하는 사람들은 남을 탓하지도, 비난하지도 않습니다. 자기가 훌륭하다거나 아는 것이 많다고 떠들지도 않습니다. 방해를 받더라도 남이 아닌 자기 자신을 탓합니다. 칭찬하는 말에 우쭐대지 않고, 비난하는 말에도 방어하지 않습니다.

지혜로운 사람은 만사에 안전을 기합니다. 모든 욕망을 절제하고, 자신의 의지대로 할 수 있는 일에만 관심을 기울이고 자연에 어긋나는 모든 것을 피합니다. 또한, 모든 일에 절제합니다. 남들이 자신을 어리석거나 무식하게 여겨도 상관하지 않습니다. 숲 속에 매복하여 망을 보는 것과 같이 자신에 대한 경계를 늦추지 않는 것입니다.

49

자연의 이치를 이해하고, 그 섭리에 따르십시오

우리는 종종 크리시포스의 글과 사상을 완전히 이해한다고 으스대는 사람을 보게 됩니다. 만약 크리시포스의 글이 난해하지 않았다면 그는 으스댈 이유가 없는 셈입니다.

그렇다면 우리에게 중요한 것은 무엇입니까? 그것은 자연의 이치를 이해하고 자연의 섭리에 따르는 것입니다. 그러므로 우리는 자연의 이치를 옳게 이해한 사람을 찾게 됩니다. 그 사람이 크리시포스라면 우리는 그의 책을 읽을 것입니다. 그의 글을 이해할 수 없다면 그 글을 완전히 이해해서 우리에게 가르쳐 줄 수 있는 사람을 찾게 되겠지요. 그렇다고 해도 이런 노력에 대해 아직 남에게 자랑할 만한 단계는 아닙니다. 그런 사람을 찾아 가르침을 받았다면 이제 남은 일은 그 가르침을 삶에 활용하는 것입니다. 그렇게 한 후에야 비로소 자신에 대해 자랑스럽게 생각해도 괜찮겠지요.

　남에게 과시하는 것이 중요하다면 철인이 아니라 문법학자가 되어 호머를 읽는 대신 크리시포스를 해석하면 됩니다. 그러나 그런 사람은 크리시포스에 대해 말해 달라는 요청을 받으면 얼굴을 붉히겠지요. 정작 자신의 행동은 크리시포스의 가르침과 일치하지 않을 테니까요.

크리시포스Chrysippos(BC 279?~BC 206?)
그리스의 철학자. 아테네에서 제논의 제자 클레안테스에게 배웠다. 스토아 철학을 처음으로 체계화한 학자로서 '크리시포스가 없었더라면 스토아의 존재는 없었을 것이다'라는 평을 들었다. 대단한 다작가多作家로서, 논리학을 중심으로 자연학·윤리학 등 700여 권의 저작이 있으나, 그 대부분은 고전을 인용한 것이다.

50

지금 당장 삶의 원칙을 실천하십시오

이제 삶에 대해 그대가 깨우친 원칙을 법으로 여기고 지키십시오. 그 원칙 중 하나라도 어기면 불경죄를 짓는 것입니다. 남들이 그대를 두고 무슨 말을 하든 개의치 마십시오. 그것은 그대와 상관없는 일입니다.

그대에게 가장 가치 있는 일을 언제까지 미루기만 하겠습니까? 어떤 경우에라도 이성을 거역할 수는 없습니다. 이제 그 원칙에 동의한다면 그것을 받아들이는 것만이 그대가 할 일입니다.

아직도 남이 대신 그대를 깨우쳐 주고 고쳐 주기를 바란단 말입니까? 그대는 이제 더 이상 어린애가 아니라 완전한 어른입니다. 게으르고 나태하여 날마다 공상이나 하며 계속 미루고 늑장만 부린다면 절대로 지혜로운 사람이 될 수 없습니다. 그저 어리석은 자로 살다가 그렇게 미련하게 죽겠지요.

지금 당장 성숙한 어른으로 살 것을 결심하십시오. 날마다 삶의 지혜를 깨치고, 그대가 최선으로 생각하는 것을 법칙으로 삼고 이를 절대로 어기지 마십시오.

즐겁거나 고통스럽거나 영광스럽거나 수치스러운 일이 그대에게 닥친다 하더라도 지금 그대는 미룰 수 없는 경기에 참가한 것입니다. 단 한 번의 실패와 포기에 따라 앞으로 나아가느냐 또는 뒤로 물러나느냐가 결정됩니다.

소크라테스가 완전한 인간이 된 것 또한 이 같은 방법에 따른 것이었습니다. 그는 모든 면에서 지혜를 닦았으며 이성 이외에는 어떤 것에도 의지하지 않았습니다. 그대는 아직 소크라테스같이 되지는 못했지만, 적어도 소크라테스를 닮고자 애쓸 수는 있습니다.

51

중요한 것은 아는 것이 아니라
실행하는 것입니다

철학에서 가장 중요하고 필요한 것은 원칙을 실행하는 일입니다. 예를 들어, 거짓말은 절대로 하지 말아야 합니다. 두 번째로 중요한 것은 왜 거짓말을 하지 말아야 하는지를 입증하는 것입니다. 세 번째는 이 원칙의 입증 과정이 어떠한지를 확인하는 것입니다. 즉, 증거, 모순, 참, 거짓 등을 따지는 것이지요. 세 번째 단계는 두 번째 단계를 위해 필요하고, 두 번째 단계는 첫 번째 단계를 위해 필요합니다.

그러나 가장 필요하고 꼭 지켜야 할 것은 첫 번째 단계입니다. 그러나 우리 대부분은 반대로 행동하고 있습니다. 세 번째 단계에 열을 올리며 가장 많은 시간을 보내지만, 첫 번째 단계는 등한시하니까요. 거짓말을 하면 안 된다는 것을 갖가지로 잘도 입증하면서 우리는 오늘도 거짓말을 하고 있지 않습니까?

52

자연에 따르는 삶을 추구하십시오

어떤 일을 당하더라도 다음의 구절을 명심하십시오.

제우스신이여, 운명이여, 나를 인도하소서.
오래전에 그대가 정하신 길로 나를 인도하소서.
나 기꺼이 그 길을 따르겠습니다.
비록 내 의지 약하나, 주저하지 않으리이다.

올바르게 운명에 따르는 사람을 일러
현자라고 하느니, 그는 신의 일을 아는 자이다.

크리토여!
그것이 정녕 신을 기쁘게 하는 것이라면 그렇게 하라.

아니투스와 멜리투스가 비록 내 목숨을 빼앗는다 해도 결코 내게 해를 끼치지는 못하리라.

옮긴이 강분석

1955년 서울에서 태어났다.
한국외대 독문학과를 졸업 후 고등학교에서
잠깐 독일어를 가르쳤고, 이후 광고회사와 외국 기업에서
잡지 편집과 홍보 업무를 맡아 20년 가까이 일했다.
1997년 충북 충주시 앙성면으로 내려가 농사를 지으며 살고 있다.
지은 책으로 《씨앗은 힘이 세다》,
옮긴 책으로는 마르쿠스 아우렐리우스 명상록
《마음의 철학》 등이 있다.

에픽테토스의 자유와 행복에 이르는
삶의 기술

지은이　에픽테토스
엮은이　아리아노스
옮긴이　강분석

펴낸날　2001년 5월 5일 · 1판 1쇄
　　　　2021년 4월 30일 · 2판 6쇄

펴낸곳　도서출판 사람과책
펴낸이　이보환

등록　1994년 4월 20일(제16-878호)

주소　서울시 강남구 역삼1동 605-10 세계빌딩 지층
전화　02-556-1612~4 ｜ 팩스　02-556-6842
전자우편　man4book@gmail.com ｜ 홈페이지 http://www.mannbook.com

ⓒ 도서출판 사람과책 2008
Printed in Korea

ISBN 978-89-8117-112-4 03160

* 잘못된 책은 바꾸어 드립니다.
* 책값은 뒤표지에 있습니다.